INTUITION
[ɪNTUIˈTSIOːN]

veganes Kochbuch

Apollonia Ilmberger

INTUITION
[ɪntuiˈt͜sioːn]

veganes Kochbuch

Impressum

Copyright: Apollonia Ilmberger
Jahr: 2023

ISBN: 9789463869270

Lektorat/ Korrektorat: Jennifer Stehr
Illustrationen: Apollonia Ilmberger, Canva Pro
Covergestaltung: Apollonia Ilmberger

Verlagsportal: Bookmundo direct
Gedruckt in Deutschland

Die Deutsche Nationalbibliothek verzeichnet diese Publikation in der Deutschen Nationalbibliografie (falls zwei Pflichtexemplare an die DNB geschickt werden!).

Das Werk, einschließlich aller seiner Teile, ist urheberrechtlich geschützt. Jede Verwertung ist ohne Zustimmung des Verfassers unzulässig

INHALTSVERZEICHNIS

VORWORT	6
Das kleine 1x1	8
Backen	11
Gewürz Lexikon	18

SUPPEN	20
Rote Beete-Kokos Suppe	22
Mandel-Spinat Suppe	24
Tomaten-Basilikum Suppe	25
Süßkartoffel-Sternanis Suppe	26
Afrikanische Erdnusssuppe	27

SALATE	28
Orange-Fenchel Salat	30
Geröstete Nüsse Salat mit Ahorn-Balsamico Dressing	31
Golden Goddess Salat	32

HAUPTGERICHTE	34
Chili sin Carne	35
Risotto	36
Indisches Linsen Curry	38
Gebackener Blumenkohl	40
Jemista	42
"Meermädchen" Kartoffelgratin mit Thymian	44
Zitronen-Mais Pasta	45
Karotten Gnocchi	46

BEILAGEN	48
(Knoblauch) Naan Brot	49
Kräuter Zupfbrot	50
Falafel	51

DIPS & SOSSEN	52
Hummus	54
Rucola Pinien Pesto	55
Linsen Rote Beete Dip	56
Teriyaki Soße	57
Erdnuss Soße	58
Tahini Soße	59

SÜSSES	60
Zucchini Brownies	61
Orangen Mandel Kuchen	62
Zitronen Tarte	64
Karottenkuchen	66
Süßkartoffel Erdnuss Blondies	67
Zebrakuchen	68
Zimtschnecken	69

DANKSAGUNG	70

INTUITION[ɪntuiˈtsi̯oːn]

DIE FÄHIGKEIT, IMPULSIV UND UNBEWUSST ZU ENTSCHEIDEN UND ZU HANDELN.

Herzlich Willkommen!

Ich bin sehr glücklich, dass du dieses Buch aufgeschlagen hast und in die Welt des intuitiven Kochens eintauchst. Vielleicht hast du meine Gerichte schon auf Retreats, meinen Dinner Abenden oder privat probiert und möchtest sie jetzt für dich und deine Lieben nach kochen.
Vielleicht war es aber auch reiner Zufall, dass du auf dieses Buch gestoßen bist. Egal was dich dazu gebracht hat, es soll dich bereichern und dich deiner kreativen Natur ein Stückchen näher bringen.
Ich habe mir niemals erträumt, ein Kochbuch zu schreiben, aber nachdem mich so viele Menschen danach gefragt haben, kommt nun meine kleine Sammlung an Rezepten, die eine etwas andere Vorgehensweise in der Küche bedarf.

Ich bin keine gelernte Köchin, sondern hatte einfach nur das große Glück, von zwei wunderbaren Menschen das Vertrauen in meine ungeahnten Fähigkeiten geschenkt bekommen zu haben und innerhalb kürzester Zeit von meinem 2 Personen Haushalt für 7 Monate bei INEA Yoga auf Korfu für bis zu 35 Menschen zu kochen.

Für mich ist Kochen ist ein reines Gefühl und das blinde Vertrauen auf die eigenen Geschmacksnerven und manchmal auch eine Herausforderung der Kreativität.

Natürlich wird es dir anfangs nicht leicht fallen, frei zu kochen, aber ich bin mir sicher, dass du mit der Zeit immer lockerer wirst und irgendwann siehst du ein Bild von einem Gericht oder probierst es irgendwo und denkst dir: ich versuche das jetzt nachzumachen.

Daher ist dieses Kochbuch eher als Sammlung von Inspirationen gedacht. Vertrau am besten meinen groben Angaben an Gramm oder Milliliter gar nicht erst, denn sie sind nur geschätzt. :)
Ich versuche, in jedem Bereich meines Lebens die Waage zu vermeiden, da sie in meiner Erfahrung so viele Vorgaben und Einschränkungen verkörpert - quasi nicht natürlich ist und unserer Intuition sogar entgegen steht.

Ich will dir zeigen, wie du in der Küche zaubern lernst und für dich und deine Liebsten wunderbare Gerichte zubereitest.
Zuerst kannst du dir das Basiswissen auf den ersten Seiten aneignen, die Möglichkeiten kennenlernen und dann Schritt für Schritt brauchst du die Angaben nicht mehr.

Ganz viel Spaß

Apollonia

WARUM WIR AUF UNSEREN KÖRPER HÖREN SOLLTEN

Ohne hier ein großes Fass aufzumachen, möchte ich kurz meinen Weg über ein gestörtes Essverhalten hin zu intuitivem Essen erzählen.

Essen hat mir ermöglicht, meine Emotionen zu betäuben, mich zu belohnen oder zu bestrafen.
Viele Jahre lang hat sich meine Nahrungsaufnahme nur darum gedreht, mich möglichst dünn werden zu lassen.
Denn ich hatte die Vorstellung, dass ich erst dann toll und liebenswert wäre.

Dass dieses Verhalten und Denken eine andauernde Stresssituation für meinen Körper bedeutet hat, war mir sehr lange nicht bewusst.
Jetzt – einige Jahre später weiß ich, dass der Schlankheitswahn in deinem Körper Cortisol ausschüttet und dieses „Stress" Hormon zur Gewichtszunahme durch Wasser- und Fetteinlagerungen führt.
Und man dadurch noch weiter von seinem Ziel zu sein scheint und sich noch mehr dafür verurteilt. Ein ewiger Teufelskreis.

Und ich sehe es jetzt an mir: ab dem Moment, an dem ich aufgehört habe, einem unerreichbaren Ideal nachzulaufen, sondern Essen nicht nur als Notwendigkeit wahrnehmen konnte, habe ich mehr und mehr ein Gefühl von Wohlbefinden in meinem Körper festgestellt.
Mein Körper fühlt sich wohl, ich habe gelernt, dass er nicht immer gleich aussieht oder sich anfühlt, denn ich bin auch ständig im Wandel.
Ich weiß mittlerweile, dass ich kurz vor meiner Periode circa 3kg an Wassereinlagerungen zunehme, das aber mit der Periode wieder vergeht.
Ich weiß meine Heißhunger Attacken vor der Periode mit Gelassenheit zu nehmen und empfange diese als willkommene Abwechslung.

Ich bin, zum Beispiel, eines Tages aufgewacht und hatte unglaubliche Lust auf Kohlrabi – welchen ich nie sonderlich gegessen habe. Aber ich habe direkt welchen gekauft, gegessen und mich wohl gefühlt.
Im Einklang mit mir selbst;
in tiefstem Respekt vor meinem Gefühl.

Auf diese Weise sind viele Rezepte entstanden.

Auf den folgenden Seiten bekommst du erst mal ein bisschen Pep Talk und ein kleine Philosophie Einführungen, um dich darauf vorzubereiten, bald deine eigenen Mahlzeiten zu kreieren.

DAS KLEINE 1X1

Liebe

Ja, das klingt immer so abgedroschen, aber Liebe ist ziemlich wichtig beim Kochen.
Denn Liebe bedeutet Liebe zum Detail und den Wunsch, jemandem Aufmerksamkeit zu schenken und etwas Gutes zu tun.
Und das ist der Knackpunkt, man gibt sich Mühe, man ist kreativ und am Ende ist es so ein tolles Gefühl, wenn die bekochte Person satt und glücklich ist.

MY BODY IS A TEMPLE AND I ONLY SERVE IT WHAT IT DESERVES

MUT ZUM EXPERIMENT

Versuche wirklich, beim Backen und Kochen ein Gefühl zu bekommen, wie viel du brauchen wirst.
Wenn du für 2 Personen einen Salat als Hauptgericht machen willst, brauchst du zum Beispiel ganz andere Mengen, als wenn der Salat nur Beilage ist oder für 4 Personen. Generell kannst du dir anhand deiner Gewohnheit denken "könnte ich alleine einen ganzen Salatkopf essen? Eine ganze Gurke...?"
Faustregel ist ein Gemüse pro Kopf. Und das variiert je nach Laune.
Sicherlich wird es am Anfang so sein, dass du zu große Mengen zubereitest. Aber alles wirst du entweder zu einer Suppe pürieren können oder am nächsten Tag erneut essen. Das ist das etwas andere "Meal Prep". ;)

LEBENS(MITTEL)RETTER

Ich betone immer wieder "das kann man noch essen" und spreche da nicht nur von wieder aufwärmen am nächsten Tag.

Hier ein paar Anhaltspunkte für übrig gebliebene Lebensmittel nach dem riesigen Dinner.
Du wirst merken, das einzige, was du benötigst, ist die Zeit, darüber nachzudenken, was du noch alles machen kannst.

Reis – mit Milch, Zimt und Zucker noch einmal köcheln lassen und dann hast du eine gute Alternative zum morgendlichen Porridge.

Gekochtes Gemüse – Suppe daraus kochen. Der gebackene Blumenkohl mit Tahini ist eine der besten Suppen, die ich koche. Einfach deine Suppen Basics anbraten, Blumenkohlreste dazu geben und mit Gemüsebrühe kochen und pürieren.

Gekochtes Gemüse 2.0 – Dips
Gebratene Zucchini oder Aubergine werden ein unglaublich toller Zusatz zu Hummus oder Linsendips.

Salate – Dips oder wenn du nur Rohkost Salat hattest und kein Dressing (außer Olivenöl) drauf hattest pürier dir einen Smoothie aus dem Obst und Gemüse (und Nüssen). Füge noch eine Banane dazu und pflanzliche Milch und er wird gut.

Teig/Brot Einfrieren und wieder auftauen, wenn dir danach ist. Oder in Würfel schneiden und in Knoblauchöl anbraten, als Croutons. Wenn du was ganz verrücktes probieren willst, kannst du daraus einen "Scheiterhaufen" backen, das ist ein süßer Brotauflauf.

Gemüseabschnitte im Kapitel der Suppen wirst du lernen, wie du über eine Woche deine Abschnitte von Zwiebel, Knoblauch, Brokkoli und Co. sammeln und zu einer eigenen Brühe einkochen kannst.

Bunter Mix an Resten – mach eine Buddha Bowl. Einfach alles zusammen in einer Schale mit Reis, Quinoa oder Couscous schön anrichten und die verschiedenen Komponenten mit einer tollen Sauce genießen. Wie sowas aussieht, kannst du auf Seite 58 bei der Erdnusssauce nachsehen.

AUSGEWOGENHEIT & AUFBAU EINER MAHLZEIT

Kleiner Disclaimer: ich habe keine Ernährungswissenschaften studiert und auch ich lebe manchmal einfach nur von Schokolade und Nahrungsmitteln, die als ungesund deklariert werden.
Und das sollte okay sein, solange man eher die Tendenz hat, seinem Körper selbst zubereitete Speisen zuzuführen.

Zu einer ausgewogenen Mahlzeit gehören jedoch standardmäßig folgende Bestandteile:
Proteine
Kohlenhydrate
Fette
Liebe

DIE WÜRZE

Im Gewürzlexikon wirst du meine Grundausstattung an Gewürzen kennenlernen. Vielleicht hast du bereits Favoriten, mit denen du immer kochst. In den Rezepten habe ich nur in seltenen Fällen niedergeschrieben, wie viel Gewürz jeweils beim Kochen benutzt wird, da ich dich dahin bringen möchte, es für dich auszutesten.
Du kannst mit 1 TL nichts "überwürzen", (außer mit Muskat oder Chili).
In Suppen und Currys habe ich gerne mehr, da danach viel Flüssigkeit dazu kommt und den Geschmack verdünnt. Da arbeite ich je nach Gewürz schon ab und zu mit 2 EL.
Um dir bessere Orientierung zu geben, habe ich Sternchen* zu jedem Gewürz zugefügt, um dir ungefähr zu zeigen wie viel von jedem Gewürz im Durchschnitt bei mir benutzt wird.

*eine Prise
** 1 TL
*** 2 TL
**** 2 EL
***** alles was geht (die Grenze ist dein Geschmack)

KÜCHENGERÄTE GRUNDAUSSTATTUNG

In der Welt der 1000 Küchengeräte stellt sich einem wirklich die Frage, was brauche ich eigentlich wirklich. Ich habe in Korfu sehr minimalistische Ausstattung gehabt, wozu die Idee zu diesem Buch entstanden ist.
Und recht viel mehr habe ich auch in Deutschland nicht.
Was ich auf jeden Fall zur Ausstattung zähle ist ein **Pürierstab**, sowie ein **Standmixer**, einfach, weil das dein Leben einfacher macht und ich so viele Dips, Suppen und Saucen mache und Nüsse selbst zu Mehl mahle.
Sonst eine **Springform, Handmixer, eine Auflaufform** und eine gute, große **Pfanne** sowie ausreichend **Töpfe**.
Auf Korfu hatte ich 1 Pfanne und 3 Töpfe für 35 Leute und es hat funktioniert :)

BACKEN

WAS MACHT EIGENTLICH DAS EI IM KUCHEN?

Das Ei bindet die nassen Zutaten mit dem Fett und macht den Teig geschmeidig und den Kuchen später fluffig.
Du kannst folgende Dinge verwenden, um auf Ei zu verzichten:
Für Bindung/Fluffigkeit
- Mais-/Kartoffelstärke
- Johannisbrotkernmehl

Für die Farbe (bei eigentlicher Verwendung von Eigelb):
- Kurkuma mit Pflanzensahne/-milch

Für die Nässe:
- Apfelmus
- Banane (je weicher, desto besser)
- Apfelmark

BRAUCHE ICH FETT IM TEIG?

Ja! Fett ist bekanntlich ein Geschmacksträger. Daher hebt es die Süße oder Würze von Speisen hervor. Außerdem bindet es die Zutaten und macht den Teig geschmeidig.

Wenn du das Fett weglässt, backt der Kuchen oftmals nicht richtig durch, wird dann zu flüssig und schmeckt einfach nicht gut.

WAS IST MEIN TYP?

Ach ja, das fragen wir uns alle. Daher würde ich dir raten, bei Weizenmehl Type 550 zu nutzen, da das der Allrounder ist.
Ansonsten nehme ich auch gern Dinkelmehl in der kleinsten Typezahl (630).

WIE LANGE BRAUCHT (M)EIN KUCHEN IM OFEN?

Bei fast allen **Rührkuchen** hat es sich für mich bisher bewährt, diese bei 180°C Ober/Unterhitze (160°C Umluft) für mindestens 30 Minuten zu backen. Mach mit einem Schaschlik Spieß die Stichprobe. Wenn noch ganz viel Teig daran klebt, gib ihm nochmal 5-10 Minuten. Einfach probieren. :)

Wenn man **Mürbeteigkuchen** macht, muss man den Boden blindbacken; d.h man legt nur den Teigboden in die Form, sticht ein paar mal mit der Gabel Löcher in den Teig, legt Backpapier darauf und verstreut Hülsenfrüchte (Backerbsen) oder Reis darauf, damit das Papier drauf hält. Das Ganze wird ca 10 Minuten bei 180°C gebacken, bis eine weiche Keks-Konsistenz erreicht wird. Erst dann wird die obere Schicht darauf gelegt und evtl. nochmal gebacken (z.B bei der Zitronentarte). Stell die Temperatur auf 150°C, damit der Teig nicht anbrennt. Für kalte Tartes (z.B Schokolade Lavendel) backe den Boden noch ca 5-10 Minuten länger bei 180°C und lasse ihn abkühlen, bevor die Füllung kommt.

Bei **Brownies** sind 170°C für 15, maximal 20 Minuten, ausreichend. Um die perfekte Konsistenz zu erreichen, sollte er warm noch "zu weich" sein. Er wird nach der Abkühlung deutlich fester. Zu lange im Ofen wird er trocken.

Hefeteig mag es, bei 180°C gebacken zu werden. Hier kannst du gute 20-25 Minuten backen lassen, bis der Teig goldbraun wird.

HEFETEIG

Hefeteig ist der fluffigste unter den Teigen. Die Hefe arbeitet vor dem Backen die Struktur des Teiges vor. Der Teig wird so fluffig, weil durch die Gärung der Hefe im Teig kleine Gaskammern entstehen.

Er ist super einfach und irgendwann hat man es im Gespür.

500g Mehl (Typ 450 bis 550)
1-1,5 Tüte(n) Trockenhefe (eine Tüte ist für 500g Mehl, aber ich mags gern fluffiger)
2 EL Zucker
Prise Salz
150-200 ml lauwarmes Wasser/Pflanzendrink (vor allem, wenn du süßen Hefeteig machen willst wie bei Zimtschnecken)
1 EL geschmacksneutrales Öl

Wichtig: Hände frisch waschen, dann klebt weniger Teig an deinen Händen.

Mische Mehl, Trockenhefe, Zucker und Salz in einer Schüssel zusammen.
Dann füge nach und nach die lauwarme Flüssigkeit hinzu und knete den Teig mit deinen Händen. Klar, du kannst auch Knethaken mit Mixer nutzen, aber früher oder später musst du sowieso die Hände nutzen. Es ist viel erdender, mit den Händen zu arbeiten. ;)

Es hilft auch ab einem gewissen Punkt, den Teig aus der Schüssel auf einer glatten Arbeitsfläche zu bearbeiten.
Wenn der Teig zu klebrig ist, füge mehr Mehl hinzu, wenn er zu bröckelig ist, etwas mehr Flüssigkeit.
Dann träufele das Öl darauf und verarbeite es in den Teig.

Ihr knetet das Ganze ungefähr 10 Minuten, bis ein runder, geschmeidiger Teig entsteht, der nicht mehr am Schüsselrand oder Arbeitsfläche festklebt.
Und jetzt entschuldige ich mich schonmal für einen richtig dummen Spruch, der die Konsistenz des fertig gekneteten Teigs beschreiben soll: Zart, wie die Oberschenkelinnenseiten einer Jungfrau.
Ihr werdet es nie mehr vergessen...

Hefe

Zucker

Salz

Dann lege den Teig wieder in die Schüssel, decke ihn mit einem Tuch ab und lagere ihn für mindestens 30 Minuten. Lass die Hefe den Zucker essen und ganz viel pupsen, sodass die Gase den Teig auflockern. :)

Dann streust du Mehl auf die Arbeitsfläche und kannst den Teig ausrollen. Nutze genug Mehl, damit er nicht klebt, sonst reißt der Teig.

Anschließend kannst du ihn mit allem Möglichen bestreichen. Egal ob mit Kräuterbutter, Zimtbutter oder Nüssen...

Bevor du ihn bäckst, schau, dass er in seiner Form weitere 15 Minuten Zeit hat, um ein zweites Mal aufzugehen. Dann ist er perfekt! Und darf bei 180°C für 20-30 Minuten backen.

1. Die Zutaten mit einer Gabel und dann mit der Hand verkneten

2. Gib das Öl auf deine Hand und träufle es über den Teig

3. Knete den Teig nochmal gut durch, bis er glatt wird

4. Lass den Teig zugedeckt an einem warmen Ort für mindestens 30 Minuten ruhen, bis er aufgegangen ist.

MÜRBETEIG

Der Mürbeteig ist buttrig und quasi Plätzchenteig. Das liegt daran, dass man hier **keine Flüssigkeit zugibt**, sondern nur Mehl, Fett, Zucker, Salz zusammen bringt. Daher findet man sehr selten pure Mürbeteig Kuchen, denn sie dienen meist nur als Boden für den tatsächlichen Kuchen oder die Tarte.

Wichtig ist auch, dass das genutzte Fett nicht flüssig oder weich sein darf, daher nimmt man traditionell kalte Butter in Flocken gezupft oder eben vegane Butter bzw. Margarine.

Mehl
Butter
Zucker
Salz
1 Eigelb (oder eben einen Schluck Wasser mit einer Messerspitze Kurkuma)

Faustregel ist, dass das **Fett ca 1/2 der Mehlmenge** haben soll und **Zucker 1/5**. Das heißt, wenn man mit ca 250g Mehl arbeitet, sollte der Teig Butter 120g und 50g Zucker beinhalten. Salz 1/2 TL, außer man möchte einen salzigen Mürbeteig (z.B. Quiche) machen, dann kann man mehr nehmen. Oder alternativ Kräuter in den Teig kneten.
Sobald du nicht mehr abwiegst, hast du das ganze im Gefühl, denn man lernt schnell, sich die optische Menge zu merken.
Dann kannst du den Teig mit einem Knethaken oder der Hand bearbeiten, bis eine homogene, feste Masse entsteht.

Auf einer bemehlten Arbeitsfläche ausrollen und dann in die gewünschte Form legen. Diese sollte eingefettet und bemehlt sein, sonst kann es sein, dass er an der Form nach dem Backen festklebt.
Bei Tartes, Quiche oder gedeckten Kuchen soll der Teig einen Rand haben, also rolle den Teig weiter aus, als der Durchmesser deiner Form beträgt, und klappe die Seiten hoch.

Dann stich ein paar Mal mit einer Gabel in den Boden, damit Luft zwischen Teig und Boden kommt und nichts anklebt.
Anschließend Blindbacken für 10 Minuten bei 180°C.

Did you know?
Das ist auch die Rezeptur für Streusel,
bestehend aus Zucker, Butter und Mehl.
Deshalb sind Streusel auch so unglaublich lecker.
Man kann das Mehl auch durch Mandelmehl ersetzen oder
mischen, dann wird das Ganze geschmacklich interessanter.

Der Mürbeteig ist *Überraschung* mürbe- schon von Anbeginn. Daher wird er gerne mit dem Nudelholz ausgerollt oder mit den Händen in die Form gedrückt. Man kann ihn nicht gießen.

RÜHRTEIG

Hier sind der Phantasie keine Grenzen gesetzt.
Ein Rührteig entsteht immer bei der Mischung von **Fett, Trockenzutaten, Zucker/Süße, Backpulver, Bindemittel und Flüssigkeit und eventuellen Extras.**

Trockenzutaten: egal ob Mehl, Haferflocken, gemahlene Haferflocken, Nüsse oder eine Kombi aus allem; du kannst benutzen, was du möchtest.

Süßungsmittel kannst du zufügen, bis es dir schmeckt. Kleiner Tipp: Gebacken verliert er die Süße, daher kann der rohe Teig gerne etwas "zu süß" sein.

Bei der **Fett** Komponente bietet sich Öl, Margarine oder Butter an; bei den Ölen sollten diese geschmacksneutral sein, wie Kokos-, Raps-, Distel oder Sonnenblumenöl. Die Menge variiert zwischen 3-5 EL. Wenn du mehr nasse Zutaten hast, dann versuche, die Balance zu finden, denn das Fett ist wichtig um den Teig zu "braten". Verzichte dann lieber auf die Flüssigkeitsmenge.

Je mehr **Backpulver** du hinzugibst, desto mehr geht er auf. Bei Mürbeteig und Hefeteig benötigst du gar keines, Brownies nur wenig, und für Rührkuchen (die richtig aufgehen sollen) mehr. Daher variiert es von 1 TL zu einem Päckchen.

Das **Bindemittel**, wenn du auf das Ei verzichtest, kann Stärke sein oder "veganer Eiersatz".
Ich nutze nur noch Stärke, da der erhältliche "vegane Eiersatz" teuer ist.
Je nasser der Teig, desto mehr Stärke wird benötigt. Bei Rührkuchen kommen bei mir ungefähr 3-5 EL rein. Bei Brownies etwas mehr, da ich möchte, dass diese weniger fluffig und fester werden.

Flüssigkeit kann ebenfalls vielseitig experimentiert werden; pflanzliche Milchalternativen, Saft, Rosenwasser und Wasser oder wieder ein Mix aus allem. Auch Früchtepüree und geschmolzene Schokolade zähle ich hierzu, da das Feuchtigkeit in den Teig bringt.
Arbeite hier vorsichtiger, sonst wird dein Kuchen zu nass, backt nicht durch und geht nicht richtig auf.

Eventuelle **Extras** können Kakaopulver, Gewürze, Nüsse, Schokolade oder geriebenes Obst/ Gemüse sein.
Probier dich aus. Wenn der Teig eine cremige Konsistenz beim Mixen bekommt, ist er perfekt und bereit zum Backen. Versuch dich erst bei 180°C für 25 Minuten und dann im 10 Minuten Takt, bis er die Stichprobe besteht.

typisch für den Rührteig ist die zähflüssige Konsistenz des Teigs

BROWNIES

Ähnlich wie bei dem Rührteig verhält sich die Brownie Rezeptur.
Den Großteil des Teigs nimmt das Mehl oder Nussmehl ein, dann der Anteil an geschmolzener Schokolade und Margarine.
Kakaopulver und Bindemittel verhält sich ungefähr zu gleichen Teilen und ich nutze ungefähr 3 EL. Mal mehr mal weniger.
Nun die Flüssigkeit: du wirst merken, dass die trockenen Zutaten durch die geschmolzene Schokolade und Margarine nicht flüssig genug werden. Daher gibst du gerade so viel pflanzliche Milch dazu, dass es zu einenm feuchten Teig wird.
Ganz zum Schluss kommt die geriebene Zucchini, falls du nach dem Rezept gehst. Die bringt nochmal Saftigkeit (und gesunde Attribute) rein.
Ich mag Brownies nicht allzu süß, daher reicht mir meist ein großer Schluck Agavendickdsaft. Aber du kannst ja selbst nach und nach zugeben, bis dir die Süße schmeckt.
Dann eine Prise Salz und fertig ist der Teig.

Mehl/Nussmehl
geschmolzene Schokolade (am besten im Wasserbad)
Fett (am besten geschmolzene Butter oder Margarine)
halbe Tüte Backpulver
Kakaopulver
Süße (Zucker oder Agavensirup)
Flüssigkeit
Bindemittel
Salz
optional Zucchini

Auch die Form ist anders, denn Brownie Teig muss auf einem
Blech ausgebacken werden, um die Backzeit (max. 20 Minuten) und Hitze (max. 160-170°C) runterzusetzen.
Achte auch darauf, dass du nicht zu viel Teig in die Form gießt.
Maximal sollten die Brownies 5cm hoch werden.
Wenn du mit deinen Fingern auf den warmen Teig drückst,
sollte er nachgeben, aber die Haut stabil bleiben.
Dann mindestens 4 Stunden kühlen (im Kühlschrank), bevor du
verzierst und verzehrst...

Hier siehst du die Mengen, die ich in etwa immer nutze. Die Flüssigkeit ist dabei nicht abgebildet.

Zucchini

Schokolade & Margarine vor dem Wasserbad

Trockene Zutaten: Mehl, Stärke, Kakaopulver, gemahlene Nüsse, Zucker, Backpulver

Der Teig ist eher flüssig, wenn du ihn anrührst. Da der Brownie am Ende saftig werden soll, aber verhältnismäßig wenig Mehl drin hat, ist er nass.

Nach dem Backen wird die anfangs noch nasse Konsistenz super fest und schokoladig.
Je länger du die Brownies im Kühlschrank kühlst, desto besser werden sie.

Leg die Brownieform mit Backpapier aus und backe den Teig

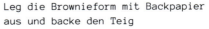

GEWÜRZ LEXIKON

ANIS **

Anis ist bekannt für seine entzündungshemmende Wirkung, die vor allem in der Winterzeit wichtig ist. Er hilft den Bronchien, sich schneller von einer Erkältung zu erholen und wirkt antiviral. Ein tolles Gewürz für Lebkuchen oder süßliche Speisen/Suppen auf Süßkartoffelbasis.
Nicht gleichzusetzen mit Sternanis! Der Geschmack ist sehr unterschiedlich.

BASILIKUM

Ich benutze Basilikum immer nur frisch. Es ist nicht nur ein unglaublicher Geschmacksträger, sondern auch ein kleines Aphrotisiakum und Appetitanreger.

CAYENNE PFEFFER **

Für alle, die oft Kopfschmerzen haben, könnte es helfen, Cayenne Pfeffer öfter zu sich zu nehmen. Zudem ist er durchblutungsfördernd, da dieser "Pfeffer" aus getrockneten Chilis hergestellt wird. Vorsicht bei Bluthochdruck und Diabetes.

CHILI *-**

Es gibt so viele Arten von Chilis und daher auch ebenso viele Schärfegrade. Ich habe gerne Bukovo Chili da, der sehr mild ist und noch eine schärfere, da ich sehr gerne scharf esse.

CUMIN/KREUZKÜMMEL *****

Keine Suppe wird mehr in meiner Küche ohne dieses Gewürz gekocht. Der leicht scharfe, erdige und wenig bittere Geschmack ist prädestiniert für alles deftige. Der Hohe Mineralstoffgehalt (Magnesium, Calcium, Eisen und Zink) beugt vielen Mangelerscheinungen vor, z.B. Ostheoporose, Anämie und Müdigkeit.

CURRY ***

Wir sprechen hier von dem Curry Gewürz, welches in unserer westlichen Küche verwendet wird- nicht von dem traditionellen Curryblatt. "Curry" bezeichnet eine Gewürzmischung. Daher kann jedes anders schmecken.
In meiner Küche nutze ich ihn nicht viel, nur in manchen Suppen. Sonst "mische" ich meinen selbst, z.B aus Paprika, Cumin, Ingwer, Knoblauch, Kurkuma, Kardamom und Cayennepfeffer.

INGWER ****

Diese Wurzel ist wundervoll. Sie hilft nicht nur bei Übelkeit, Verdauungsbeschwerden oder einer einschleichenden Erkältung, sondern lindert auch akut Mundgeruch (wenn man Knoblauch gegessen hat, sehr hilfreich) und Menstruationsbeschwerden durch die krampflösenden Eigenschaften. In der Küche verwende ich gerne frischen Ingwer, aber Pulver eignet sich auch, vor allem zum Backen von Gewürzkuchen.

KARDAMOM *-**

"Königin der Gewürze" ist nach Vanille und Safran das drittteuerste Gewürz und vielfältig einsetzbar. So findet man ihn in Süßspeisen (Lebkuchen) sowie deftigen Speisen Asiens. Er senkt den Cholesterinspiegel, hat eine angstlindernde Wirkung und bekämpft Verdauungsbeschwerden. Ich mahle aus den Samen das Pulver selbst, aber Pulver zu kaufen, spart dir den Arbeitsaufwand.

KORIANDER *-**

Man liebt ihn oder hasst ihn. Die Gegner beschreiben den Geschmack als seifig, die Liebhaber können vor allem in asiatischen Gerichten nicht auf den mild-herben Geschmack von frischem Koriander verzichten.

Er hilft bei chronischen Entzündungskrankheiten (wie Rheuma) oder Verdauungsproblemen (z.B Reizdarm). Die im frischen Kraut enthaltenen Öle wirken ebenfalls bei bakteriellen Infektionen.
Für Suppen und Soßen ist das Pulver aus geriebener Koriandersaat gut zu nutzen (schmeckt auch weniger "seifig"), sonst greife ich lieber auf frischen Koriander zurück.

KURKUMA *-**

"Der gelbe Ingwer" ist nachgewiesen ein Allheilmittel. U.a wirkt er verdauungsfördernd, antioxidativ und entzündungshemmend und senkt den Cholesterinspiegel. Zudem wird er für seine intensive Farbe benutzt und gibt dem Currypulver das intensive Gelb. Bei Überdosierung wirkt er jedoch im Gegenteil und kann Magen-Darm Beschwerden auslösen.

OREGANO *****

In Griechenland habe ich gelernt, dass Oregano das Gewürz der Nation ist. Er ist überall drin und drauf. Wenn man ihn frisch verwendet, bekommt man durch die enthaltenen Öle unzählige positive Wirkungen: schleimlösend, antiviral, antibakteriell, antioxidativ und antifungal. Kurz: wer regelmäßig Oregano isst, kann das "one apple a day" vergessen.

PAPRIKA *****

Hier wird unterschieden in: **rosenscharf, geräuchert, edelsüß**. Je nachdem, welche Grundnote man für sein Gericht möchte, entscheidet man sich für die entsprechende Paprika. Mit edelsüß und rosenscharf kann man jedoch nie etwas falsch machen, wenn diese mit anderen Gewürzen vermischt werden, z.B in Suppen

ROSMARIN ***

Rosmarin verbinden wir mit Sommer und Mediterranen Speisen. Er ist toll für die Linderung von Verdauungsproblemen und Blähungen, regt den Appetit an durch die Speichelfördernde Wirkung.

STERNANIS

Verglichen mit dem "normalen" Anis ist dieser optisch hinreißender, weshalb er häufig nur für dekorative Zwecke genutzt wird. Der Geschmack von in Öl gebratenem Sternanis ist jedoch unbeschreiblich. Mit seinem süßen und erdigen Aroma hilft er auch bei Herzbeschwerden.

THYMIAN ****

Thymian kann man vielseitig einsetzen, z.B. bei Blasen- oder Mandelentzündungen. Er ist wie ein sanftes pflanzliches Antibiotikum. Seine krampflösenden Inhaltsstoffe wirken bei Atemwegs-, Menstruations- und Verdauungsbeschwerden. Diese Immunsystembombe schmeckt auch noch nach einem mediterranen Urlaub.
Ich nutze ihn sowohl frisch (im Gratin) als auch getrocknet in manchen Speisen.

ZIMT **-****

Zimt ist fast überall passend. Fast jeder Kuchen enthält eine Prise, Chili sin carne wird dadurch runder, erdige Suppen noch geschmacksvoller. Medizinisch ist ihm eine antibakterielle, durchblutungsfördernde, beruhigende und stimmungsaufhellende Wirkung zugeschrieben.
Also warum nicht öfter nutzen?

Suppen

Grundwissen Suppe

Suppe ist etwas tolles. Vor allem, wenn man random Sachen zuhause hat und gleichzeitig keine Ahnung hat, was man damit machen soll.
Die Kombinationen sind unendlich und trotzdem gibt es ein paar kleine Basics.

1. Je mehr Röstaromen man am Anfang freisetzt, desto geschmackvoller ist die Suppe. Das heißt, spar nicht am Öl im Topf und röste Zwiebel, Knoblauch, Ingwer und deine Lieblingsgewürze an, bis die Zwiebeln glasig sind und der Geruch dir das Wasser im Mund zusammen laufen lässt.
2. Füge anschließend die Gemüsestücke dazu und wende sie erstmal in den Aromen.
3. Gieße Gemüsebrühe oder Salzwasser darüber, bis alles im Topf von Flüssigkeit bedeckt ist.
4. Wenn alle Stücke weich genug sind, ist es an der Zeit, alles mit dem Pürierstab zu pürieren. Es kann sein, dass man hier nochmal Flüssigkeit hinzufügen muss.

Das war's und jetzt gehts los mit den Inspirationen.

Zero Waste Tipp

Hebe für eine Woche deine gesamten Gemüseabschnitte in einer Tüte oder einer großen Tupperware im Kühlschrank auf.
Hierzu zählen Zwiebel- und Knoblauchschalen, Lauch, jegliche Schalen und Kerngehäuse und was du sonst noch so übrig hattest.

Aus diesen Resten, die sonst deinen Bio Müll gefüllt hätten, kannst du dir einmal die Woche eine wundervolle und geschmacksintensive Gemüsebrühe einkochen.
Dazu nimmst du dir den größten Suppentopf, den du zuhause hast, erhitzt etwas Öl darin und fügst die gesammelten Gemüsereste hinzu.
Brate diese unter regelmäßigem Rühren so lange an, bis die Aromen freigesetzt werden.
Fülle anschließend gesalzenes Wasser hinzu, bis alles an Gemüse bedeckt ist.
Jetzt lasse die Brühe aufkochen und anschließend circa 20 Minuten auf mittlerer bis niedriger Flamme köcheln.
Zum Schluss siebst du die Brühe mehrmals ab und füllst die schon leicht abgekühlte Flüssigkeit in Flaschen ab und lagerst sie im Kühlschrank.

Rote Beete Kokos Suppe

frische rote Beeten
etwas frischen Ingwer
Knoblauchzehen
rote Zwiebel
1L Gemüsebrühe
200-400ml Kokosmilch

Gewürze
Cumin
Paprikapulver (rosenscharf, edelsüß)
Lorbeerblatt

Garnieren
eine Handvoll Kokosraspeln in der Pfanne geröstet
Feldsalat
Koriander oder Sprossen
gerösteter Tofu

Farbspiel vor dem Pürieren

Methode
Wie bei meiner Einleitung zu Suppen Grundregeln bereits erwähnt, erhitzt du etwas Öl (da es hier geschmacklich dazu passt, gerne Kokosöl) in einer Pfanne und brätst darin alles an, was ein Grundaroma bereitet.
Dann füge die geschälte und in Würfel geschnittene Rote Beete hinzu und gib dem Ganzen noch etwas Zeit.

Füge die Gemüsebrühe hinzu und das Lorbeerblatt und koche alles mit geschlossenem Deckel für circa 10 Minuten.
In dieser Zeit kannst du dich um deine Deko kümmern: Tofu würfeln und mit Öl, Salz und Gewürzen anbraten, Kokosflocken ohne Öl rösten, Salat zupfen oder was dir noch so einfällt.

Mach den Stichtest mit einem Messer und schau, ob die Beete sich wie Butter zerteilen lässt. Wenn dem so ist, füge die Kokosmilch hinzu und püriere alles.

Wenn es nicht flüssig genug ist, füge entweder mehr Kokosmilch oder Brühe hinzu. Verlasse dich ganz auf deinen Geschmack.
Schmecke die Suppe ab und bring noch etwas Salz und Pfeffer hinzu, falls es dir noch zu fad ist.

Mandel-Spinat Suppe

frischer oder gefrorener Spinat
frischer Ingwer, kleingeschnitten
1-2 Handvoll Mandeln
Knoblauchzehen, gehackt
Zwiebel
1L Gemüsebrühe
füge Mandeldrink nach dem Pürieren hinzu, um sie cremiger zu machen

Garnieren
Hacke ein paar Mandeln klein und röste sie in der Pfanne ohne Fett an, bis du das Mandelaroma riechst.
Alternativ kannst du gebrannte Mandeln machen, indem du die Mandeln mit Zucker in der Pfanne anbrätst.

Methode
Wie bei meiner Einleitung zu Suppen Grundregeln bereits erwähnt, erhitzt du etwas Öl in einer Pfanne und brätst darin alles an, was ein Grundaroma bereitet. In diesem Fall neben den Evergreens Zwiebel, Ingwer, Knoblauch, auch die gehackten Mandeln.
Wenn alles ein wenig angeröstet ist, füge den Spinat hinzu und lass auch ihn ein wenig darin garen.

Solltest du frischen Spinat benutzen, solltest du kurz darauf Gemüsebrühe zugeben. Bei der Verwendung von gefrorenem Spinat, lass den Spinat mit geschlossenem Deckel ein wenig abtauen, bevor du ihn ablöschst.
Dann lass das Süppchen für ca 10 Minuten kochen. Je länger Spinat kocht, desto mehr grüne Farbe geht verloren.
Wenn es gekocht ist, schnapp dir den Pürierstab und pürier die Suppe.
Füge bei Bedarf noch etwas Brühe und/oder Mandelmilch hinzu.

Schmecke sie mit Salz und Pfeffer oder anderen Gewürzen ab und dekoriere sie nach Herzenslust.

Tomaten Basilikum Suppe

Dose Tomaten
große Tomaten (je fleischiger, desto besser) in Stücke geschnitten
rote Zwiebel(n)
Knoblauchzehen
ab 1 Handvoll frischer Basilikum
1L Gemüsebrühe
1 Lorbeerblatt

Gewürze
Paprika (rosenscharf, edelsüß)
Cayenne Pfeffer
Oregano

Garnieren
Geriebener Parmesan
frischer Basilikum
geröstete Brotchips mit Knoblauch

Methode
Wie bei meiner Einleitung zu Suppen Grundregeln bereits erwähnt, erhitzt du etwas Öl in einer Pfanne und brätst darin alles an, was ein Grundaroma bereitet. Also Zwiebel, Knoblauch, Paprika und Cayenne.
Füge die Tomaten aus der Dose und die Frischen hinzu, lass es etwas simmern, bis du alles mit Gemüsebrühe übergießt.
Wirf das Lorbeerblatt rein und koche alles mit geschlossenem Deckel für circa 10 Minuten.
In dieser Zeit kannst du dich um deine Garnierung kümmern: altes Brot mit viel Öl und Knoblauch in einer Pfanne anbraten, mehr Basilikum hacken, Parmesan reiben.

Dann füge die Handvoll Basilikum dem Topf hinzu und püriere das Ganze.

Schmecke die Suppe ab und bring noch etwas Salz und Pfeffer hinzu, wenn es dir noch zu fad ist.

Süßkartoffel- Sternanis Suppe

ab 2 Süßkartoffeln, geschält und gewürfelt
1 Kartoffel, geschält und gewürfelt
Ingwer
ab 1 rote Zwiebeln
ab 2 Knoblauchzehen
3 Sternanis
ab 200ml Mandelmilch

Gewürze
Cumin
Kardamom

Garnieren
Frischer Koriander
Quinoa Einlage

Methode
Wie bei meiner Einleitung zu Suppen Grundregeln bereits erwähnt, erhitzt du etwas Öl in einer Pfanne und brätst darin alles an, was ein Grundaroma bereitet; Zwiebel, Knoblauch, Ingwer, Cumin, Sternanis.

Dann füge die gewürfelten Süßkartoffeln und Kartoffel hinzu und lasse es noch etwas sitzen, bis du alles mit Gemüsebrühe ablöscht. Du wirst sehen, dass die Sternanis nach oben schwimmen. Das ist gut, denn vor dem Pürieren musst du sie kurz entfernen.

Falls du dich für eine Quinoa Einlage entscheidest, koche diese schonmal in Wasser, damit er quellen kann.

Nach der Stichprobe der Gemüse, püriere die Suppe unter Zugabe von ein wenig Kardamom Pulver und Mandelmilch.

Afrikanische Erdnuss Suppe

ab 2 Zwiebeln
ab 2 Knoblauchzehen
Ingwer
2 Karotten
1 große Süßkartoffel
2-3 EL Erdnussmus oder -Butter
1L Gemüsebrühe

Gewürze
Cumin
Cayenne Pfeffer
Paprika edelsüß

Garnierung
Sprossen
Frühlingszwiebel
Basmati Reis als Einlage
Koriander

Methode
Zuerst ein bisschen Öl im Topf erhitzen und Ingwer, Knoblauch und Zwiebel darin mit dem Cumin und Cayenne schwitzen lassen. Füge dann Karotten und Kartoffel hinzu und röste alles nochmal für einen Moment.
Lösche das Ganze mit Gemüsebrühe ab und lasse es für 10-15 Minuten köcheln.

In der Zwischenzeit eine kleine Tasse Reis mit zwei kleinen Tassen gesalztem Wasser zum Kochen bringen. Dann Hitze ausschalten und Reis garen lassen. Deckel nicht abheben, bis Reis nach 5-10 Minuten fertig ist.

Füge jetzt das Chili Pulver und die passierten Tomate zu der Suppe hinzu.
Koche das Ganze nun für 5 weitere Minuten.
Püriere die Suppe zu einer homogenen Masse und dann rühre das Erdnussmus unter, bis die Suppe dir schmeckt.

Ach, Salate – das ist ähnlich wie bei den Suppen und bedarf "nur" ganz viel Inspiration und einem Vorstellungsvermögen davon welche Komponente sehr gut zueinander passen.
Die Möglichkeiten sind schier unendlich.

Ich achte bei Salaten oft darauf, dass ich viele verschiedene Konsistenzen, Geschmäcker, Texturen oder sogar Temperaturen darin serviere.
Kandierte Nüsse oder ein paar frische Beeren, scharf gewürzter, angebratener Tofu, würzige Kichererbsen, knackiger Salat und Gemüse, Ofenkartoffeln und ein cremiges Tahini ist einfach das non plus ultra.

Da ich Essig nicht besonders mag, benutze ich ihn auch wirklich selten. Manchmal Crema di Balsamico oder Reisessig für die asiatischen Salate.
Ansonsten schwöre ich auf gutes Olivenöl, Sesamöl, Zitronensaft und Ahornsirup in jeglichen Kombinationen oder das Tahini Dressing.

„Grünzeug", die du nutzen und sogar mischen kannst
Romana
Eisberg
Grünkohl
Rotkohl
Feldsalat
Rucola
Pflücksalat
Lollo
Babyspinat

Warme Komponenten
Ofengemüse (Karotten, Kartoffeln, Kürbis…)
Aus der Pfanne (Brotchips, Pilze, Tofu, Zucchini, Brokkoli…)
Pseudogetreide (Quinoa, Couscous, Perlgraupen, Nudeln, Reis…)
Hülsenfrüchte (Kichererbsen, Linsen, blanchierte Erbsen)

Frischekick
säurehaltige Obstsorten & Zitrusfrüchte
Beeren
Granatapfel
knackiges Gemüse

Reichhaltiges Dressing
oder sehr gutes Öl und Salz & Pfeffer

Mega guter Salat

Fenchel Orangen Salat

Frischer Fenchel in Ringe geschnitten
Orangen

Garnieren
Frische Minze gehackt
Gänseblümchen
Rucola Blätter
Kürbiskernöl
Granatapfelkerne oder Cranberries
Sprossen

Methode

Ziemlich einfach: zuerst schneidest du den Fenchel in (Halb-)Kreisen aus und präsentierst sie direkt auf einen Flachen Teller, damit der Salat nachher schön aussieht.
Die Orangen werden jedoch filetiert, nicht geschnitten.
Zuerst schneidest du mit dem Messer großzügig die Haut der Orange (mit dem weißen Flaum zusammen) ab, sodass du die ganzen Filets siehst.
Dann schneidest du die Filets von ihren Membran Häuten ab.
Das, was übrig bleibt, das Orangenskelett, wie ich es nenne, behälst du, denn da ist noch genug Saft für das "Dressing" vorhanden.

Mische die Orangenfilets zu dem Fenchel und dekoriere deinen Salat und presse mit der Hand den Saft darüber aus.

Geröstete Nüsse Salat mit Ahorn-Balsamico Dressing

eine Handvoll Lieblingsnüsse (Mandeln und Walnüsse sind meine Favoriten)
Romana Salatherz
Grünkohl Stängel
Karotten in Halbmonde
frische Tomaten, gewürfelt
Gurke
frischer Rotkohl
Erdbeeren, Blaubeeren, Himbeeren, Granatapfel oder oder oder

Ahorn-Balsamico Dressing
3-4 EL Olivenöl
Saft einer halben Zitrone
2 EL dunkler Balsamico Essig
1 EL Ahorn Sirup
etwas Salz, Pfeffer

Garnieren
Minze
Petersilie

Methode
Für das Dressing alles zusammen in ein Einmachglas geben und mit geschlossenem Deckel gut schütteln.
Füge etwas Wasser hinzu, wenn es noch nicht flüssig genug ist.

Die Nüsse etwas kleiner hacken und anschließend nur mit dem Süßungsmittel Ahornsirup in der Pfanne anrösten. Anschließend etwas abkühlen lassen. Gerne etwas Salz drüber streuen.
Anschließend schneidest du alle Salatzutaten mundgerecht und mischt sie anschließend mit den Nüssen und gibst das Dressing darüber.

Golden Goddess Salat

Karotte
Kartoffel
Süßkartoffel
Kürbis
Quinoa oder Couscous
Mais
weiche Kichererbsen

Gewürze
Cumin
Paprika rosenscharf
Cumin
Zimt
Kardamom
Kurkuma
Cayenne

Tahini Dressing
ab 3 EL Tahini
Saft von 1/2 Zitrone
1 Knoblauchzehe
Ahornsirup
etwas Kurkuma für die goldene Farbe
Hafermilch, um es flüssiger zu machen
Salz/Gemüsebrühe Pulver

Garnierung
Petersilie
Basikilum
Sesam

Methode
Heize den Ofen auf 200°C vor.
Schäle und schneide das Wurzelgemüse und den Kürbis in Würfel und lagere diese separat in je einer Schale. Auch die Kichererbsen bekommen ihre eigene Schale. Dann würze individuell mit den oben genannten Gewürzen, wie du die Aromen am liebsten magst. Der Kürbis schmeckt z.B mit Zimt und Kardamom sehr gut. Die Süßkartoffel leicht scharf mit Paprika und Cayenne. Dazu gibst du immer noch Olivenöl und Salz, bevor du das Gemüse wieder separat nebeneinander auf das Backblech legst.
Im Ofen braucht es ca 20-30 Minuten, bis alles weich gebacken ist und aber eine schöne Kruste hat.

Koche Wasser auf und lasse darin entweder Quinoa nach Packungsanleitung quellen oder Couscous.
Bereite die Tahini Sauce vor, indem du alle Zutaten in ein hohes Messglas zusammenfügst und mit einem Pürierstab zu einer homogenen Sauce pürierst.

Zum Anrichten suche dir am besten eine Servierplatte, bedecke den Boden mit Quinoa oder Couscous und dann fange an, das Gemüse kreisförmig darauf zu platzieren, bis eine wunderschöne goldene Pyramide entsteht.
Zum Schluss: das Dressing und die Garnierung darüber geben und kreativ sein mit was auch immer du noch darin haben willst.
Avocado, Feta, Fenchel oder Tofu sind auch super Komponente.

P.S.: Golden Goddess kann auch green Goddess werden, dafür nutzt du einfach statt dem ganzen gelb-gold-orangenem Gemüse Grünes. Vielleicht findest du noch mehrere Farben. :)

Die Schwester der golden Goddess ist die green Goddess

Hauptgerichte

Chili sin Carne

(Serviert mit Reis)

frischer, gehackter Ingwer
Knoblauchzehen, gehackt
Rote Zwiebel
ca. eine Tasse Sojagranulat
konservierte gehackte Tomaten
frische Tomaten in Stücke geschnitten
Kidney Bohnen
Dosen-Mais
2 EL Tomatenmark
2 EL Sojasauce
Reis

Gewürze
Cayenne Pfeffer
Paprika (rosenscharf, geräuchert und edelsüß geht alles)
Cumin
Zimt
2 Rippchen Bitterschokolade

Garnieren
Petersilie
(Veganer) Frischkäse/Saure Sahne

Methode
Knoblauch, Zwiebel, Ingwer und Tomatenmark in einem Topf mit Öl anbraten.
Füge dann alle Gewürze bis auf den Zimt hinzu, pro Gewürz kannst du zwischen 1 TL und 1 EL variieren.
Bereite das Soja Granulat vor, indem du es mit etwas kochendem Wasser aus dem Wasserkocher und 2 EL Sojasauce übergießt und ziehen lässt, bis alle Flüssigkeit aufgesogen wurde.

Dann koche dir in einem neuen Topf parallel den Reis, wie du es gewohnt bist.

In den Chili Kochtopf fügst du die Bohnen und den Mais dazu und mischt alles gut durch. Zuletzt kommen die Tomaten aus der Dose, die Frischen, die Schokolade, Zimt und etwas gesalzenes Wasser hinzu. Lass das Ganze auf mittlerer Hitze eindicken. Immer mal wieder wenn nötig mit Wasserzugabe zu der perfekten Konsistenz köcheln lassen.
Zum Schluss noch das Sojagranulat unterheben und servieren.

Risotto (vegane Variante)

Rundkorn Risotto Reis (je nach gewünschter Menge)
Pilze (Champignons, Kräutersaitlinge, Pfifferlinge...)
getrocknete Tomaten
rote Zwiebel, klein gehackt
Knoblauchzehen, klein gehackt
1 Flasche trockener Weißwein (du wirst nicht die Ganze benötigen)
(vegane) Butter/ Margarine
ca 1L Gemüsebrühe

Garnieren
Frühlingszwiebeln
Handvoll geriebener Käse (vegan oder Parmesan/Pecorino)

Methode
Die Pilze klein schneiden und in einer Pfanne mit Öl anbraten, bis sie richtig schön geschrumpft sind.

In einem Topf erhitzt du Öl und lässt Zwiebel und Knoblauch darin auf mittlerer Hitze ein wenig schwitzen. Wenn die Zwiebeln glasig werden, füge den Reis hinzu und wende das Ganze ein paar Mal mit dem Kochlöffel.

Jetzt wird es spannend: gieße Weißwein darüber, sodass der Reis von der Flüssigkeit knapp bedeckt ist. Verringere die Hitze und sobald der Reis den Wein aufgesogen hat, wiederhole das mit der Gemüsebrühe.
Das Ganze Prozedere so lange abwechseln, bis der Reis schon weich ist.
Zwischendurch immer mal wieder umrühren.
Du kannst den Deckel auf den Topf legen, damit die Flüssigkeiten nicht direkt verdampfen. Wenn du kein großer Wein-Fan bist oder
ihn lieber trinkst, wechsle das Ganze nur ca
3 Mal ab und dann -falls noch notwendig-
gieße nur noch Gemüsebrühe nach.

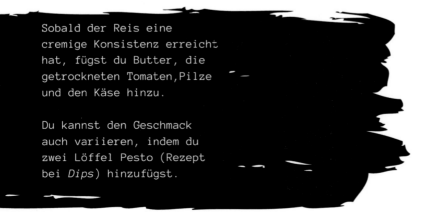

Sobald der Reis eine cremige Konsistenz erreicht hat, fügst du Butter, die getrockneten Tomaten, Pilze und den Käse hinzu.

Du kannst den Geschmack auch variieren, indem du zwei Löffel Pesto (Rezept bei *Dips*) hinzufügst.

Indisches Linsen Curry

mit Kurkuma Reis und Naan Brot (Hefeteig ca. 1,5 Stunden vorher zubereiten)

ab 1 Kartoffel, in kleine Würfel geschnitten
Rote Linsen
ab 1 rote Zwiebel, gehackt
ab 3 Knoblauchzehen, gehackt
Ingwer, gerieben
Tomatenmark
Dosen Tomatenstücke
Mandel- oder Kokosmilch, um es cremiger zu machen, ist aber nicht notwendig

Gewürze
Cumin
Cayenne Pfeffer
Kurkuma
Cardamom
Paprika (edelsüß und rosenscharf)
Currypulver

Garnieren
frischer Koriander

Methode
Bei mittlerer Hitze gieße großzügig Öl in einen Topf und schwitze die Zwiebel, Knoblauch, Ingwer und Tomatenmark an. Beim Mark reicht meistens 1 –2 EL.
Dann füge die Gewürze jeweils von 1 TL (z.B Kurkuma oder Cardamom) bis zu 2 EL (z.B Cumin oder Paprika) hinzu und rühr es um.
Sobald dich der Geruch überzeugt, ist es Zeit, die gewürfelten Kartoffeln und die Linsen unterzumengen.

Du kannst gerne bereits nebenbei den Reis ansetzen. 1 Teil Reis mit 2 Teilen Wasser, Salz und einer Prise Kurkuma aufkochen und dann bei geschlossenem Deckel je nach Reisart 10-15 Minuten ziehen lassen.

Dann wird es an der Zeit, deinen Soßengrundstock mit Wasser abzulöschen, in denen sich die Linsen nun vollsaugen und die Kartoffeln gar kochen können. gerne kannst du hier schon salzen, damit die Zutaten direkt mehr Geschmack bekommen. Gieße immer wieder Wasser nach, sollte dieses schnell verkocht sein, denn das Curry soll cremig werden.
Nach circa 10 Minuten kannst du die stückigen Tomaten beigeben; erst machst du den Stichtest mit den Kartoffeln und kannst auch die Linsen probieren, ob sie schon weich genug sind.
Anschließend gibst du noch ein wenig Kokos- oder andere Milchalternative hinzu und schmeckst es ab mit Salz & Pfeffer.

Gebackener Blumenkohl mit Tahini

1 Blumenkohl (komplett mit den Blättern)
Olivenöl
Salz

Tahini Sauce
ab 3 EL Tahini
Saft von 1/2 Zitrone
1 Knoblauchzehe
etwas Ahornsirup
Schluck Hafermilch, um es flüssiger zu machen
etwas Salz oder Gemüsebrühe Pulver

Garnieren
frische Petersilie
schwarzer Sesam

Methode
Heize den Ofen auf 200°C (180°C Umluft) vor. Bringe in einem Topf, der groß genug für den Blumenkohl ist, gesalzenes Wasser zum kochen.
Sobald das Wasser kocht, lege den ganzen Blumenkohl hinein und koche diesen ungefähr 10-15 Minuten, bis die Blätter eine schöne Farbe angenommen haben und der Strunk etwas weicher geworden ist.
Dann entfernst du den Blumenkohl aus dem Topf und legst ihn auf ein Ofenblech oder eine Auflaufform.
Jetzt massiere den Kohl mit Olivenöl und Salz ein, sodass es bis in die Röschen reinzieht.
Fertig mariniert backe den Blumenkohl bei 180 Grad für 30-40 Minuten.

Währenddessen kannst du die Tahini Sauce vorbereiten:
Alle Zutaten in einem Messbecher mit einem Pürierstab vermengen.

Die Blätter sollten richtig schön kross gebacken, aber nicht schwarz, werden. Immer mal wieder kontrollieren.

Wenn er eine schöne goldene Farbe und knusprige Blätter hat, ist es Zeit, ihn aus dem Ofen zu nehmen und kurz etwas abkühlen zu lassen.
Da du alles vom Blumenkohl essen kannst, schneide ihn in mundgerechte Stücke.

Zum Schluss gießt du die Sauce darüber und garnierst mit frischer, gehackter Petersilie und schwarzem Sesam.

Jemista
griechische gefüllte Tomaten & Paprika

Die Anzahl der Tomaten und Paprika richtet sich an der Personenanzahl, die mit dir essen. Per se rechnet man mit einer Tomate und einer paprika pro Person. Manchmal reicht aber auch ein Gemüse pro Kopf, wenn es viele Beilagen gibt.

Große und fleischige Tomate (Ochsenherz ist z.B. super)
Paprika (Farbe nach deiner Vorliebe, ich nutze gerne Grüne)
Olivenöl (mindestens 100ml)
mindestens 3 Knoblauchzehen
mindestens 2 Zwiebeln
mindestens 1 große Kartoffeln
Reis (die Hälfe von den Flüssigkeiten, die du bekommst, sobald du deine Tomaten, Paprika, Zwiebeln ausgehöhlt und püriert hast)
Wenn du weniger als 4 Tomaten aushöhlst: zusätzlich 1 Dose Tomaten

Gewürze
Cumin
Zimt
Paprika (rosenscharf und edelsüß)
Thymian
Oregano
frische Petersilie

Methode
Heize den Ofen auf 180°C Ober-/Unterhitze vor.
Dann schneide die Köpfe der Tomaten und Paprika ab, um das Innere mit einem Löffel aushöhlen zu können. Das ausgehöhlten Gemüse reihst du in einer Auflaufform auf, sodass sie sicher stehen. Stelle sie beiseite.
Alles andere sammelst du in einem Standmixer oder einer Schale.
Dann schäle und viertele die Zwiebel und schneide die Knoblauchzehen klein und füge diese ebenfalls zu den Innereien hinzu.
Solltest du weniger als 4 Tomaten nutzen, füge die Tomaten aus der Dose bei und würze das Ganze, bevor du es zu einer homogenen Suppe pürierst.
Verlasse dich auf deinen Gefühl, aber generell: eher weniger von dem Zimt und Cumin, sodass am Ende nur ein Hauch davon zu schmecken ist und die Geschmackspalette interessanter und runder wird.

Dann kommt das Olivenöl und etwas Gemüsebrühe. Gemüsebrühe würde ich ab 200ml nutzen (bei 2 Tomaten und 2 Paprika) und 100 ml Olivenöl. Du wirst merken, wenn es nicht flüssig genug ist und kannst immer wieder Wasser hinzugeben. Jetzt misst du deinen flüssigen Bestandteil ab und nimmst davon die Hälfte (nach der 1 Teil Reis: 2 Teile Wasser Regel) und fügst das an Reis hinzu. Gut durchmischen.

Mit einer Schöpfkelle füllst du die Tomaten und Paprika und den Boden der Auflaufform.
Zuletzt schäle und schneide die Kartoffel(n) in mundgerechte Stücke und lege diese in die Auflaufform zwischen die Jemista, um ihnen etwas Stabilität zu geben.

Dann backe alles bei 180°C für gute 60 Minuten. Wenn die Gemüse noch nicht weich sind, lasse es noch für weitere 10 Minuten im Ofen.

Meermädchen Kartoffelgratin mit Thymian

Die Auflaufform bestimmt, wie viele Kartoffeln du in etwa brauchst. Ich rechne immer mit mindestens 1200 g Kartoffeln für eine normale Auflaufform.

1200 g Kartoffeln
2 Knoblauchzehen
Olivenöl
Hafermilch
Hafersahne (ist nicht zwingend notwendig, macht es sonst einfach nur cremiger)

Gewürze
Thymian
Muskat
Gemüsebrühen Pulver

Methode
Heize den Ofen auf 180°C Ober-/Unterhitze vor.
Halbiere die Knoblauchzehe und reibe die Auflaufform damit ein. Bestreiche sie anschließend mit etwas Olivenöl.
Schäle die Kartoffeln und hobele oder schneide sie in ca. 1,5–2mm dünne Scheiben.
Schichte die Kartoffelscheiben in einer Fischschuppenform aneinander. Jede Lage bestreust du mit etwas Salz, bevor du die nächste Lage darüber legst.

Dann püriere die Hafersahne (ca 200ml) mit Hafermilch (200ml oder 400 ml, wenn keine Sahne benutzt wird), Thymian, Knoblauchzehe, Muskat und Gemüsebrühen Pulver zusammen und gieße das über deine Meermädchen Kartoffeln. Dann träufele noch etwas Öl oben drauf und backe es für 60 Minuten.
Wenn du dickere Scheiben gehobelt hast, kann sich die Backzeit etwas verlängern.

Zitronen-Mais Pasta

Pasta
ab 1 Dose Mais oder 250g Gefrorenen
Zitrone
ab 80ml Hafermilch oder andere Alternative
Parmesan oder veganer Käse/Hefeflocken
ab 100ml Gemüsebrühe

Garnierung
frische Petersilie

Methode
Koche zuerst deine Lieblingspasta, wie du es schon seit Jahren machst. Wichtig: hebe etwas Nudelwasser auf!

Dann, während deine Nudeln kochen, bringe die "Milch" mit Gemüsebrühe in einem Topf zum Kochen.
Anschließend gibst du den Mais dazu und lässt es für 5 Minuten köcheln.
In der Zwischenzeit reibst du den Parmesan oder bereitest deine vegane Alternative zu.

In der Zwischenzeit wasche die Zitrone heiß und reibe die Schale ab. Schneide die Zitrone halb und presse den Saft aus.
Wenn deine Nudeln fertig sind, hebe etwas von dem Nudelwasser auf (ungefähr 2 EL pro Person) und gib es in den Topf mit dem Mais und dem "Milchmisch" und püriere das Ganze grob.
Füge nun den Zitronenabrieb und -Saft hinzu und schmecke es mit Salz, Pfeffer und deiner Käsezubereitung ab.
Mische die Nudeln in den Topf mit der Sauce und vermische das gut.

Bevor du es servierst, hacke noch die Frische Petersilie und streue es über die Pasta.

Karotten Gnocchi

ab 3 große Karotten
ab 500g Mehl (plane lieber mehr ein)

Gewürze
Rosmarin
Paprika edelsüß

Methode

Koche zuerst gesalzenes Wasser auf und schneide die geschälten Karotten in Stücke, sodass sie schneller gar kochen.
Anschließend pürierst du die weichen Karotten zusammen mit den Gewürzen deiner Wahl zu einem Brei und fügst noch Salz hinzu.

Und jetzt beginnt der Spaß:
In einer Schüssel fügst du den Brei und das Mehl zusammen und knetest mit den Händen einen wunderschönen Teig. Da die Karotten sehr viel aufsaugen, kann es gut sein, dass du mehr Mehl brauchst, als anfangs geschätzt.
Der Teig ist perfekt, wenn er nicht mehr an deinen Händen klebt.

Wenn du es endlich geschafft hast, dann teile deinen Teig und rolle jede Portion in etwa 2cm dicke Würste. Diese schneidest du jeweils mit einem Messer in 1cm dicke Scheiben. Du kannst sie, für den typischen Gnocchi-Look, mit einer Gabel eindrücken.

Bringe in einem großen Topf Wasser mit Salz zum kochen und wirf portionsweise deine Gnocchi hinein.
Wenn diese Oben schwimmen, siebe sie heraus, am besten mit einem Kochlöffel mit Löchern oder einem kleinen Sieb.

Am besten schmecken deine Gnocchi mit Pesto.
Bei den Dips findest du ein Rezept hierzu.

Das Rezept funktioniert auch mit roter Beete, falls du mal pinke Gnocchi probieren möchtest.

Beilagen

(Knoblauch) Naan

500 g Mehl
200 ml warme pflanzliche Milch oder Wasser
1 Päckchen Trockenhefe
1 EL Zucker
1/2 TL Salz
1 TL Öl

Knoblauch Öl
Zuerst hacke **3-4 Knoblauchzehen** ganz fein oder presse sie durch eine Knoblauchpresse.
Gib den Knoblauch zu mindestens **100 ml Olivenöl** und wärme das Gemisch auf niedriger Flamme für 3 Minuten auf. Lasse es anschließend ziehen. Falls du **Koriander** magst, kannst du etwas Frischen hacken und zu dem Öl dazu geben.
Du wirst nicht das ganze Öl benötigen, daher kannst du den Rest in einem Glas für das nächste Mal aufbewahren.

Methode
Mehl, Trockenhefe, Zucker, Salz in eine große Schüssel geben und vermischen.
Führe ganz langsam die warme Flüssigkeit hinzu und knete den Teig entweder mit den Händen, oder wenn du eine Küchenmaschine hast: damit.
Zum Schluss, wenn der Teig schon eine recht gute Form hat, gibst du das Öl auf deine Hände und knetest es in den Teig.
Wenn Öl zu früh in den Teig kommt, verhindert es das Hefewachstum.
Stelle den Teig mit einem Tuch zugedeckt an einen warmen Ort und lasse ihn für 1,5 Stunden ruhen.

Nach der Zeit ist der Teig herangewachsen und kann auf einer bemehlten Fläche bearbeitet werden: rolle ihn zu einer Wurst und schneide 3cm dicke Scheiben davon ab. Rolle diese wieder zu einer Wurst und lege diese zu Schnecken. Dann, mit einem Nudelholz, rolle sie flach.
Lege die Naan Brote in eine vorgeheizte Pfanne ohne Öl und backe sie auf einer Seite, bis sie kleine Blasen wirft. Dann drehe das Naan um und backe es kurz auf der anderen Seite.

Solltest du dich für die Knoblauch Version entschieden haben, streichst du eine Seite vor dem Backen mit dem Knoblauch-Kräuteröl ein.

Kräuter Zupfbrot

Hefeteig muss mindestens 30 + 10 Minuten ziehen

Hefeteig
500 g Mehl
1 Päckchen Trockenhefe
3 EL Zucker
1 TL Salz
200 ml lauwarmes Wasser
1 EL Öl

Knoblauchbutter Füllung
1 Knoblauchknolle
150g Margarine oder Butter
frische Petersilie
frischer Thymian
Basilikum
Rosmarin

Methode
Heize den Ofen auf 180°C vor. Zuerst bereitest du den Hefeteig wie in meiner Einführung oder frei Schnauze zu und lässt ihn ruhen. Währenddessen lohnt es sich, den Knoblauch bereits zuzubereiten: schneide den Kopf der Knolle ab und lege den Rest auf ein Stück Aluminiumfolie, das groß genug ist, um später daraus ein kleines Knoblauchpäckchen zu falten.

Dann gieße circa 2 EL Olivenöl und streue etwas Salz über den Knoblauch, bevor du das Päckchen schließt und ca 15 Minuten bäckst. Der Knoblauch verliert seine Schärfe durch das backen und bekommt ein tolles Aroma.

Durch das Backen ist der Knoblauch so weich, dass du ihn mit der Hand in eine Schüssel auspressen kannst. Füge hier Butter und die Kräuter deiner Wahl, Salz und Pfeffer zu und mixe daraus eine Knoblauchbutter, wie sie dir schmeckt.

Sobald der Hefeteig geruht hat, rolle diesen circa 1cm dick aus und steche mit einer größeren Tasse oder Messbecher (Durchmesser mind. 10 cm) Kreise aus.
Bestreiche diese mit deiner Kräuterbutter und falte sie in halb, bestreiche die rechte Außenseite erneut mit Butter und lege diese dann in eine mit Backpapier ausgelegte Kastenform.

Vor der Backzeit, lasse das Zupfbrot nochmal 10 Minuten zugedeckt ruhen, denn dann geht die Hefe weiter und wird fluffiger.

Dann backe das Ganze bei 180°C für 30-40 Minuten.

Falafel

Wenn du getrocknete Kichererbsen nutzt: am Tag zuvor bereits kochen und über Nacht in Wasser einweichen lassen.

400 g Kichererbsen (weich)
ab 3 Knoblauchzehen
1 rote Zwiebel
Saft von 1/2 Zitrone
ein halber Bund frische Petersilie
3 EL Tahini
etwas Olivenöl

Gewürze
Cumin

Methode
Pflücke zuerst die Blätter von den Stängeln der Petersilie und gib sie in einen Standmixer und zerkleinere sie.
Dann stelle die Petersilie beiseite und gib in den Standmixer alle Zutaten und Gewürze. Salz und Pfeffer nicht vergessen!
Mixe die Masse, bis sie eine teigige Konsistenz erreicht.
Füge die Petersilie hinzu und rühre alles durch.
Rolle aus dem Teig lauter kleine Kugeln und lege sie beiseite.
Erhitze in einer Pfanne Speiseöl, welches den Boden der Pfanne und die Falafel etwas weniger als zur Hälfte bedecken sollte.
Brate nach und nach die kleinen Falafel und drücke sie mit dem Pfannenwender anfangs etwas flach, sodass sie die Kugelform verlieren und somit besser braten.
Wenn du seitlich siehst, dass der Teig eine Kruste bekommt, wende sie einmal, bis beide Seiten vollständig gebraten sind.
Die perfekte Falafel hat eine Kruste außen ist aber innen nur gegart.

Lege die Falafel auf einen mit einer Serviette ausgelegen Teller, um dort das Fett etwas auszusaugen.
Achte darauf, dass du immer genug Öl in der Pfanne hast,
sonst brennen sie dir an und kochen innen
nicht richtig durch.

DIPS

Wir erinnern uns an den Zero Waste Tipp am Anfang.
Dips sind eine wundervolle Art, übrig gebliebenes Gemüse und Gerichten eine zweite Chance zu geben.
Ich liebe es zum Beispiel, frischen Fenchel, Gurken, Karotten und Paprika darin zu dippen.
Für die Brot-Menschen unter uns ist das eine willkommene Alternative zu gekauften Aufstrichen.

Damit die Dips langhaltig satt machen, füge als Grundzutat proteinhaltige Hülsenfrüchte hinzu.

Der wohl bekannteste Dip ist der Hummus und er ist im Nahen und Fernen Osten nicht wegzudenken.
Auch wenn die Grundzutaten überall gleich sind, schmeckt er immer anders, was ich richtig toll finde.

Da ich zuhause nur trockene Kichererbsen verwende, die zuerst im Wasser quellen müssen bevor man irgendwas mit ihnen anfangen kann, ist es nicht immer möglich, am selben Tag noch Hummus zu essen.
Daher habe ich Kichererbsen teilweise durch andere Hülsenfrüchte ersetzt.
Linsen eignen sich zum Beispiel super, wenn es wirklich schnell gehen muss.

Und ansonsten ein Tip, wie der Hummus oder jeder andere Dip nicht bröckelig wird, sondern schön geschmeidig:
Nicht am Olivenöl sparen.
Ich weiß, es fühlt sich zunächst echt komisch an, so viel Öl in den Mixer zu gießen, aber sobald es mit den anderen Zutaten vermischt ist, acht das Öl so viele

Mit einer übrig gebliebenen Tomatensauce kannst du auch eine pikante Salsa machen. Einfach nochmal frischen Basilikum, Chili, Knoblauch und die ein oder andere frische Tomate mit in den Mixer geben und fertig.

Du kannst dich auch mal mit einem süßen Dip versuchen und lässt ausnahmsweise mal den Knoblauch weg und ersetzt ihn durch Kakaopulver, das Olivenöl durch neutrales - oder Kokosöl und machst dir einen süßen Dattel-Kineybohnen- Schoko Aufstrich...

Wie gesagt, die Möglichkeiten sind schier unendlich.

Hummus

Falls du getrocknete Kichererbsen nutzt, lasse sie 30 min köcheln und eine Nacht vor Verzehr einweichen.

400 g Kichererbsen weich
ab 3 Knoblauchzehen
Saft von 2 Zitronen
viel Oliven Öl
3 EL Tahini

Gewürze
Cumin
Paprika (edelsüß oder rosenscharf)

Methode
Alle Zutaten in einen Standmixer geben und so lange pürieren, bis eine cremige Masse entsteht.
Experimentiere hier nicht nur nach Notwenigkeit (zu dick oder zu flüssig), sondern auch den Geschmack. So kannst du z.B auch getrocknete Tomate, Rote Beete, Spirulina oder Chilis hinzufügen.
Schmecke es immer mit Salz und Pfeffer ab

Rucola Pinienkern Pesto

Keine Panik, wenn dir Pinienkerne zu teuer sind, du kannst auch Walnüsse benutzen, ist ebenso lecker. :)

ab 200 g Rucola Salat
Olivenöl
Salz
eine Handvoll Pinien oder anderen Nüssen
Hartkäse oder Hefeflocken

Methode
Röste zuerst die Nüsse in einer Pfanne ohne Öl an, bis sich der Geruch verbreitet.

Füge den Rucola, die Nüsse, Olivenöl (nach und nach hinzugeben, um zu verhindern, dass das Pesto zu nass wird), Nüsse, Käse(-alternative) und Salz in einen Standmixer und püriere das Ganze.
Wenn es nicht flüssig genug wird, kannst du mit einem Schluck Wasser nachhelfen. Probiere dein Pesto immer wieder und gib Salz nach Geschmack hinzu.

Rote Beete – Linsen Dip

Falls du vergessen hast, Kichererbsen am Tag vorher einzuweichen für echten Hummus.

Rote oder braune Linsen (falls du Hummus machen willst, nutze Kichererbsen)
kleine Rote Beeten
Karotte
kleine rote Zwiebel
Knoblauchzehe(n)
ein wenig frischen Ingwer, gerieben
Tahini
Saft einer Zitrone
Oliven Öl

Gewürze
Cumin
Paprika (edelsüß oder rosenscharf)

Methode
Wasche die Linsen in einem Sieb, bis das Wasser klar durchläuft. Dann erhitze Öl in einem Topf und schwitze darin die kleingehackte Zwiebel, Knoblauch und Ingwer an. Füge anschließend die Karotte und die Linsen dazu. Dann lösche alles mit Wasser ab und salze die Brühe.
Nach ca. 5 Minuten kommt auch die rote Beete in kleine Stückchen geschnitten dazu und alles kocht mit geschlossenem Deckel auf mittlerer Hitze, bis die Linsen und das Gemüse weich sind.
Wenn es fertig ist, kommt alles (gegebenenfalls etwas abkühlen lassen) in einen Standmixer und wird mit Olivenöl (zur Flüssigkeitsgewinnung), Zitronensaft, Tahini, Paprika Gewürz und Cumin püriert.
Schmecke es gerne mit Salz und Pfeffer ab.

Teriyaki Sauce

Knoblauchzehe(n)
etwas geriebenen Ingwer
Soja Soße
Speiseöl & Sesamöl
Zucker
Reisessig oder Sake
Sesamsamen

Methode
Genug Speiseöl und Sesamöl in einen Topf geben, sodass der Boden bedeckt ist, und erhitzen. Ingwer und Knoblauch darin andünsten.
Gib den Zucker hinzu (circa 4 EL) und lasse ihn unter rühren bei mittlerer Hitze darin schmelzen.
Das Ganze nun mit der Soja Soße und dem Reisessig ablöschen. Diese beiden Zutaten sollten zu fast gleichen Teilen beigemengt werden.
Dann auf mittlere Hitze reduzieren und regelmäßig umrühren.
Vor dem Verzehr etwas abkühlen lassen und mit Sesam garnieren.
Falls die Sauce nicht eindickt, gib Zucker hinzu und erhöhe die Temperatur für einen Moment, bis es blubbert. Dann dickt es garantiert ein.

Erdnuss Sauce

Erdnussbutter
Limette, davon Abrieb und Saft
Pflanzliche Milch
eine Prise Salz oder Gemüsebrühe
Soja Soße
Knoblauchzehe
Ahornsirup
etwas Sriracha oder Chiliöl

Methode
Alle Zutaten in einen Messbecher mischen und mit einem Pürierstab pürieren. Du orientierst dich zuerst an der Menge Erdnussbutter, die du nutzt, und fügst nach und nach die flüssigen Bestandteile zu, sodass es nicht mehr zu dickflüssig ist.

Ein paar Anhaltspunkte, nach deinem Geschmack zu experimentieren:
- etwas mehr Milch, falls es zu dick oder salzig ist
- etwas mehr Soja Soße, falls Würze fehlt
- Mehr Limette, wenn dir der Frischekick noch nicht genug ist
- Erdnussbutter, weil: warum nicht?
- Chili oder Sriracha, falls du es – wie ich – eher scharf magst

**Hier ist die Soße bei der Buddha Bowl in den Einsatz gekommen:
perfektes Resteessen**

Tahini Sauce

ab 3 EL Tahini
Saft von 1/2 Zitrone
1 Knoblauchzehe
etwas Ahornsirup
pflanzliche Milch
etwas Salz oder Gemüsebrühe Pulver

Methode
Alles zusammen in einem Messbecher mit einem Pürierstab zu einer cremigen Sauce pürieren. Du orientierst dich bei der Zugabe der Flüssigkeit an deiner Menge an Tahini. Meist reichen 3 EL Tahini und diese zähe Masse soll zu einer Soße werden.

Folgende Anhaltspunkte helfen dir:

- etwas mehr Milch, wenn es zu dick ist
- etwas mehr Tahini, falls zu flüssig
- Zitrone für die Frische
- Olivenöl oder Sesamöl für den Geschmack
- Knoblauch, falls es zu langweilig ist
- Ahornsirup, wenn zu bitter

Zucchini Brownies

Das Rezept reicht für 15 kleinere Stücke, bzw. eine kleinere rechteckige Form oder Springform. Die doppelte Menge reicht genau für ein normales Backblech.

1 mittlere Zucchini
200 g gemahlene Nüsse (z.B. Mandeln, Walnüsse, Pekannüsse)
100 g dunkle Schokolade
150 g Margarine oder vegane Butter
100 g Mehl
6 TL Backkakao
2 TL Backpulver
50 g Nüsse gehackt
300 g Zucker
3 EL Speisestärke
4 EL pflanzliche Milch

Methode
Eine Auflaufform mit Backpapier auslegen und den Ofen auf 175°C Ober-/Unterhitze vorheizen.
In einem Wasserbad wird die Schokolade zusammen mit der Margarine/Butter geschmolzen. Währenddessen kannst du die Zucchini mit einer Reibe raspeln und die Nüsse grob hacken.

Mehl mit Kakao, Speisestärke und Backpulver gut vermischen, dann die Butter-Schokoladen-Mischung untermixen. Nun die Zucchini, die pflanzliche Milch und die Nüsse unterheben.

Den Teig in die Form geben, glatt streichen und im vorgeheizten Backofen 30-35 Minuten backen. Der Kuchen soll bei einer Stäbchenprobe noch leicht feucht sein, da dies die Saftigkeit der Brownies ausmacht.

Den Kuchen lange abkühlen lassen (am besten im Kühlschrank) und mit geschmolzener Schokolade, Puderzucker oder anderen Leckereien verzieren.

Mandel Orangen Kuchen

Für eine Springform oder eine Guglhupfform.

1 gewaschene Orange
200 g Mandeln
150 g Margarine oder 100ml Speiseöl
100 g Mehl oder mehr Nüsse
2 EL Backpulver
250 g Zucker
3 EL Speisestärke
100 ml pflanzliche Milch
Puderzucker oder Schokolade zum verzieren

Methode
Die gewählte Form fetten und bemehlen. Heize den Ofen auf 175°C Ober-/Unterhitze vor.

Die Orange in kleine Stücke schneiden (mit der Schale) und mit der pflanzlichen Milch in einem Mixer pürieren und in einer Schüssel beiseite stellen.
Nun die Nüsse mit dem Mixer zu Mehl zerkleinern und anschließend mit Mehl, Speisestärke und Backpulver vermischen.

Anschließend füge die trockene und feuchte Komponenten zusammen und füge das Öl und den Zucker hinzu und rühre einen homogenen Teig an.

Diesen Teig anschließend in die ausgewählte Form gießen und für 35-45 Minuten backen.

Immer wieder die Konsistenz des Kuchens durch die Stäbchenprobe testen.

Wenn der Kuchen abgekühlt ist, mit Puderzucker bestäuben und servieren.

Puderzucker Variante

Zitronen Tarte

Für alle Mürbeteigkuchen bietet es sich an, diese in einer Tarte-Form zu backen, da der Rand durch die Rillen wunderschön wird und besser steht.

Mürbeteig (1 : 1/2 : 1/5 Regel)
Mehl
vegane Butter
Zucker
Prise Salz

Zitronencreme
4 Zitronen
1 Messerspitze Kurkuma
200 ml vegane Sahne
3 EL Speisestärke
150 g feiner Zucker

Methode
Ofen auf 175°C vorheizen und den Teig vorbereiten. Hierzu Mehl, Salz und Zucker mischen und die kalte Butter in Flocken zufügen. In einer Küchenmaschine oder mit den Händen einen krümeligen Teig anrühren und anschließend eine Kugel formen und diese im Kühlschrank kühl stellen für circa 10 Minuten.
Dann rolle den Teig rund auf einer bemehlten Arbeitsfläche oder auf einer Frischhaltefolie aus und klappe ihn kurz an den Enden ein, um ihn in die Tarte-Form zu legen.

Anschließend Klappe diese enden wieder hoch, und drücke sie fest in die Tarte-Rillen.
Nun folgt das Blindbacken; hierfür stichst du zuerst ein paar Male mit einer Gabel in den Boden des Kuchens und legst ein mit Reis oder trockenen Hülsenfrüchte beschwertes Backpapier darüber.
Das backst du für 10 minuten.
Dann entferne dads Papier und Backe es weitere circa 3 Minuten.

Während der Teig Blind backt, reibe die Schale der Zitronen ab und presse diese aus. Zu dem Saft rührst du dann die Speisestärke und Kurkuma ein. Dann füge Zucker und Sahne dazu und rühre einen cremigen Teig daraus.

Wenn der Teig fertig gebacken ist, fülle ihn bis zum Rand mit der Creme auf und backe die Tarte für 40 Minuten.

> **Tipp:** Falls du die Creme lecker findest, kannst du diese auch als eigenständiges Dessert machen. Dazu rührst du die Zutaten bei mittlerer Hitze in einem Topf an, bis eine Puddingkonsistenz erreicht wird. Fülle die Creme anschließend in ein Glas.

Karottenkuchen

Geeignet für eine Springform oder Brownieblech.

2 Karotten
200 g gemahlene Nüsse (sehr gut schmecken Walnüsse, Haselnüsse und Mandeln)
100 g Mehl bei Bedarf oder mehr Nüsse
2 TL Backpulver
3 EL Speisestärke
Zimt
3 EL Zucker
ab 4 EL pflanzliche Milch
etwas Zitronensaft
Salz

Topping
100 ml vegane Sahne
etwas Zitronensaft
Puderzucker
Soda
ggf. etwas pflanzliche Milch

Methode
Ofen auf 180°C vorheizen und den Teig vorbereiten.
Zuerst die Karotten fein reiben und in eine Schale geben.
Dann mische zuerst alle trockenen Zutaten und füge anschließend die Milch und den Zitronensaft hinzu, bis du einen cremigen Teig in deiner Schüssel hast.
Dann kommen die Karotten hinzu.
Den Teig anschließend in ein mit Backpapier ausgelegtes Blech oder Springform gießen und bei 180°C für ca 35 Minuten backen.

Wenn der Kuchen gebacken und abgekühlt ist, ist es an der Zeit das Frosting zuzubereiten.
Mische hierfür die vegane Sahne mit einer Messerspitze Soda, Puderzucker und dem Zitronensaft mischen.
Der Zitronensaft wird die Sahne fest und eher Frischkäsig machen. Wenn es zu fest wird, fülle nochmal bisschen pflanzliche Milch nach, bis die perfekte Streichkonsistenz erreicht ist.

Süßkartoffel – Erdnuss Blondies

In einem Backblech/Brownie Blech.

1 Süßkartoffel
ab 150 g Mehl
ab 3 EL Erdnussbutter
200 ml Pflanzliche Milch
3-4 EL Speisestärke
3-4 EL Zucker
Salz
3 EL Speiseöl

Topping
weiße Schokolade
Erdnüsse
Erdnussbutter

Methode
Ofen auf 170°C vorheizen und den Teig vorbereiten.
Die Süßkartoffel schälen, in Stücke schneiden und anschließend in einem Topf mit kochendem Wasser weich kochen.
Dann püriere die Kartoffeln mit ungefähr 200ml pflanzlicher Milch, Zucker, ca. 3 EL Öl, Salz und Erdnussbutter zu einem cremigen Püree. Probiere gerne immer wieder, ob dich der Geschmack überzeugt.
Füge anschließend das Mehl hinzu.
Achte dabei darauf, dass der Teig nicht zu trocken wird. Er sollte von der Konsistenz her wie Rührteig sein. Du kannst das immer mit pflanzlicher Milch nachbessern.

Dann gieße den Teig in eine mit Backpapier ausgelegte Springform und backe den Brownie mindestens 25 Minuten.
Beachte: ein Blondie – wie ein Brownie darf nicht zu hoch sein, denn sonst backt er nicht durch.
Lasse den Blondie abkühlen, damit er die "fudgy" Konsistenz bezieht und verziere ihn anschließend mit geschmolzener weißer Schokolade, weicher Erdnussbutter und Erdnüssen.

Zebra Kuchen

Für eine Tarte-, Guglhupf oder Springform geeignet

ca 250 g Mehl
1/2 Zitrone
3 EL Backkakao
1/2 Päckchen Backpulver
Salz
Speiseöl
Zucker
Speisestärke
pflanzliche Milch

Topping
Schokoladenguss oder Zuckerguss (Saft einer halben Zitrone und viel Puderzucker, bis die gewünschte Konsistenz erreicht ist)

Methode
Heize den Ofen auf 180°C vor.
Dann rühre einen Teig aus ungefähr 250g Mehl mit einer halben Tüte Backpulver, 3 EL Speisestärke, Zucker, Öl, Pflanzliche Milch und einer Prise Salz an.
Diesen Teig teile nun auf zwei Schüsseln auf.
Für den einen Teig reibst du die Schale einer Zitrone ab und presst eine Hälfte der Zitrone aus und fügst Saft und Haut zu einem der Teige.

Zu dem anderen fügst du Backpulver und nochmal einen Schuss Milch hinzu, da der Kakao den Teig trockener werden lässt.

Und jetzt gehts an das Kunstvolle:
Du nimmst den hellen Teig und gießt eine kleine Pfütze in die Mitte einer mit Backpapier ausgelegten Springform. Dann machst du dasselbe mit dem Kakao-Teig. Nun wechsele das Gießen immer wieder ab, bis der Teig aufgebraucht und du viele Ringschichten hast, wie Jahresringe eines Baumes.
Wenn sich der Teig nicht ebenmäßig ausbreitet,
kannst du auch die Lücken mit mehreren Pfützen
auffüllen, dann sieht es aus, wie mein abgebildetes Endergebnis.

Backe den Kuchen nach Stichprobe mindestens
40 Minuten.
Bevor du ihm eine Glasur gibst, lasse ihn
gut abkühlen.

Zimtschnecken

Hefeteig
500 g Mehl
1 Päckchen Trockenhefe
4 EL Zucker (2 sind für die Hefe, 2 damit es süß schmeckt)
1 Prise Salz
ab 200 ml warme pflanzliche Milch
2 EL Öl

Zimtfüllung
Zimt
Zucker
Butter

Methode
Zuerst bereitest du den Hefeteig wie in meiner Einführung oder frei Schnauze zu und lässt ihn circa 1 Stunde im Warmen zugedeckt ruhen.

Heize den Ofen auf 180°C vor.
Sobald der Hefeteig geruht hat, rolle diesen circa 1cm dick auf einer bemehlten Arbeitsfläche aus.

Bestreiche den Teig mit deiner Zimtfüllung und rolle anschließend die Fläche zu einer großen Schneckenrolle zusammen.
Nimm ein scharfes Messer und schneide jeweils 3cm dicke Stücke von der Rolle.

Lege diese in eine Form, lasse zwischen den Schnecken etwas Platz.
Es kann gut sein, dass du hierfür mehrere Formen und Bleche brauchst. Lege sie nicht zu nah aneinander, da sie aufgehen werden.

Vor der Backzeit: lasse alles nochmal zugedeckt für 15 Minuten ruhen.

Dann backe das Ganze bei 180°C für 30-40 Minuten.

Wenn es um das Verzieren geht, sind dir keine Grenzen gesetzt: Puderzucker, Frischkäse-Creme mit Puderzucker und Zitrone zu einer Creme verrühren und darüber gießen oder
vielleicht sogar geschmolzene weiße Schokolade....

Danksagung

Macht man das noch?
Ich denke schon... Denn Dankbarkeit auszudrücken, ist nie verkehrt :)

Ich möchte mich bei Allen bedanken, die mich dazu inspiriert und dabei unterstützt haben, dieses Buch zu schreiben.
Danke an Jenny, dass sie meine Korrekturleserin war, an Finn, der mich für dieses Abenteuer über Monate entbehrt hat und mich immer unterstützt in meinen Vorhaben.
Und Danke an meine vielen Gäste auf Korfu, die dieses Buch regelrecht verlangt haben und mich in meinen (Koch-) Fähigkeiten bestärkt haben.

Danke Cedric und Athena, denn ohne euch hätte ich nie begonnen für andere Menschen zu kochen.
Danke Jason, dass du immer da warst, um mir zu helfen und mich immer wieder ermutigt hast, das Buch zu schreiben.
Danke an Abby und Olivia, die mit mir in der Küche gearbeitet haben, mein Herz mit Liebe und die Luft mit Gelächter gefüllt haben.
Und danke Silvia, dass du meine Küche immer so wunderbar sauber gehalten hast.

Um die Bilder der Gerichte machen zu können, habe ich über ein paar Wochen verteilt mir unbekannte NachbarInnen zu Testessen zu mir nach Hause eingeladen und wurde bestärkt in meiner Idee, das Buch anders aufzuziehen als herkömmliche Kochbücher. Danke für euer Vertrauen, liebe WilmersdorferInnen!

Ein ewiges Danke gilt meiner Familie und Freunden, die immer für mich da sind und mich in jedem meiner Schritte begleiten und an mich glauben.

Nicht nur, dass es mir unglaublichen Spaß gemacht hat, das Buch zu entwerfen, ich habe mich wieder einem Projekt widmen, neuen Herausforderungen stellen können und das liebe ich so sehr.

Mein Ziel im Leben ist es, so viele Erfahrungen zu sammel[n] das ist mir hiermit in vielerlei Hinsicht in diesem Buch[...]

Ich hoffe, das Buch gefällt dir und du kannst das ein oder andere für dich daraus ziehen.

HERZLICH
Apollonia

LIEBE